节约用水条例

中国法制出版社

节约用水条例

JIEYUE YONGSHUI TIAOLI

经销/新华书店
印刷/保定市中画美凯印刷有限公司
开本/850 毫米×1168 毫米　32 开　　　　　印张/0.75　字数/10 千
版次/2024 年 3 月第 1 版　　　　　　　　　2024 年 3 月第 1 次印刷

中国法制出版社出版
书号 ISBN 978-7-5216-4422-7　　　　　　　定价：5.00 元

北京市西城区西便门西里甲 16 号西便门办公区
邮政编码：100053　　　　　　　　　　　　传真：010-63141600
网址：http://www.zgfzs.com　　　　　编辑部电话：010-63141673
市场营销部电话：010-63141612　　　　　印务部电话：010-63141606

（如有印装质量问题，请与本社印务部联系。）

节约用水条例

中国法制出版社

目　　录

中华人民共和国国务院令（第776号）……………（1）

节约用水条例…………………………………………（2）

司法部、水利部、住房城乡建设部、国家发展
　　改革委负责人就《节约用水条例》答记者问　…（16）

中华人民共和国国务院令

第 776 号

《节约用水条例》已经 2024 年 2 月 23 日国务院第 26 次常务会议通过，现予公布，自 2024 年 5 月 1 日起施行。

总理　李强

2024 年 3 月 9 日

节约用水条例

第一章 总 则

第一条 为了促进全社会节约用水,保障国家水安全,推进生态文明建设,推动高质量发展,根据《中华人民共和国水法》等有关法律,制定本条例。

第二条 本条例所称节约用水(以下简称节水),是指通过加强用水管理、转变用水方式,采取技术上可行、经济上合理的措施,降低水资源消耗、减少水资源损失、防止水资源浪费,合理、有效利用水资源的活动。

第三条 节水工作应当坚持中国共产党的领导,贯彻总体国家安全观,统筹发展和安全,遵循统筹规划、综合施策、因地制宜、分类指导的原则,坚持总量控制、科学配置、高效利用,坚持约束和激励相结合,建立政府主导、各方协同、市场调节、公众参与的节水机制。

第四条 国家厉行节水,坚持和落实节水优先方针,深入实施国家节水行动,全面建设节水型社会。

任何单位和个人都应当依法履行节水义务。

第五条 国家建立水资源刚性约束制度，坚持以水定城、以水定地、以水定人、以水定产，优化国土空间开发保护格局，促进人口和城市科学合理布局，构建与水资源承载能力相适应的现代产业体系。

第六条 县级以上人民政府应当将节水工作纳入国民经济和社会发展有关规划、年度计划，加强对节水工作的组织领导，完善并推动落实节水政策和保障措施，统筹研究和协调解决节水工作中的重大问题。

第七条 国务院水行政主管部门负责全国节水工作。国务院住房城乡建设主管部门按照职责分工指导城市节水工作。国务院发展改革、工业和信息化、农业农村、自然资源、市场监督管理、科技、教育、机关事务管理等主管部门按照职责分工做好节水有关工作。

县级以上地方人民政府有关部门按照职责分工做好节水工作。

第八条 国家完善鼓励和支持节水产业发展、科技创新的政策措施，加强节水科技创新能力建设和产业化应用，强化科技创新对促进节水的支撑作用。

第九条 国家加强节水宣传教育和科学普及，提升全民节水意识和节水技能，促进形成自觉节水的社会共识和良好风尚。

国务院有关部门、县级以上地方人民政府及其有关部门、乡镇人民政府、街道办事处应当组织开展多种形式的节水宣传教育和知识普及活动。

新闻媒体应当开展节水公益宣传，对浪费水资源的行为进行舆论监督。

第二章 用水管理

第十条 国务院有关部门按照职责分工，根据国民经济和社会发展规划、全国水资源战略规划编制全国节水规划。县级以上地方人民政府根据经济社会发展需要、水资源状况和上级节水规划，组织编制本行政区域的节水规划。

节水规划应当包括水资源状况评价、节水潜力分析、节水目标、主要任务和措施等内容。

第十一条 国务院水行政、标准化主管部门组织制定全国主要农作物、重点工业产品和服务业等的用水定额（以下称国家用水定额）。组织制定国家用水定额，应当征求国务院有关部门和省、自治区、直辖市人民政府的意见。

省、自治区、直辖市人民政府根据实际需要，可以制定严于国家用水定额的地方用水定额；国家用水定额未作规定的，可以补充制定地方用水定额。地方用水定额由省、自治区、直辖市人民政府有关行业主管部门提出，经同级水行政、标准化主管部门审核同意后，由省、自治区、直辖市人民政府公布，并报国务院水行政、标准化主管部门备案。

用水定额应当根据经济社会发展水平、水资源状况、产业结构变化和技术进步等情况适时修订。

第十二条　县级以上地方人民政府水行政主管部门会同有关部门，根据用水定额、经济技术条件以及水量分配方案、地下水控制指标等确定的可供本行政区域使用的水量，制定本行政区域年度用水计划，对年度用水实行总量控制。

第十三条　国家对用水达到一定规模的单位实行计划用水管理。

用水单位的用水计划应当根据用水定额、本行政区域年度用水计划制定。对直接取用地下水、地表水的用水单位，用水计划由县级以上地方人民政府水行政主管部门或者相应流域管理机构制定；对使用城市公共供水的用水单位，用水计划由城市节水主管部门会同城市供水主管部门制定。

用水单位计划用水管理的具体办法由省、自治区、直辖市人民政府制定。

第十四条　用水应当计量。对不同水源、不同用途的水应当分别计量。

县级以上地方人民政府应当加强农业灌溉用水计量设施建设。水资源严重短缺地区、地下水超采地区应当限期建设农业灌溉用水计量设施。农业灌溉用水暂不具备计量条件的，可以采用以电折水等间接方式进行计量。

任何单位和个人不得侵占、损毁、擅自移动用水计量设施，不得干扰用水计量。

第十五条 用水实行计量收费。国家建立促进节水的水价体系，完善与经济社会发展水平、水资源状况、用水定额、供水成本、用水户承受能力和节水要求等相适应的水价形成机制。

城镇居民生活用水和具备条件的农村居民生活用水实行阶梯水价，非居民用水实行超定额（超计划）累进加价。

农业水价应当依法统筹供水成本、水资源稀缺程度和农业用水户承受能力等因素合理制定，原则上不低于工程运行维护成本。对具备条件的农业灌溉用水，推进实行超定额累进加价。

再生水、海水淡化水的水价在地方人民政府统筹协调下由供需双方协商确定。

第十六条 水资源严重短缺地区、地下水超采地区应当严格控制高耗水产业项目建设，禁止新建并限期淘汰不符合国家产业政策的高耗水产业项目。

第十七条 国家对节水潜力大、使用面广的用水产品实行水效标识管理,并逐步淘汰水效等级较低的用水产品。水效标识管理办法由国务院发展改革主管部门会同国务院有关部门制定。

第十八条 国家鼓励对节水产品实施质量认证,通过认证的节水产品可以按照规定使用认证标志。认证基本规范、认证规则由国务院认证认可监督管理部门会同国务院有关部门制定。

第十九条 新建、改建、扩建建设项目,建设单位应当根据工程建设内容制定节水措施方案,配套建设节水设施。节水设施应当与主体工程同时设计、同时施工、同时投入使用。节水设施建设投资纳入建设项目总投资。

第二十条 国家逐步淘汰落后的、耗水量高的技术、工艺、设备和产品,具体名录由国务院发展改革主管部门会同国务院工业和信息化、水行政、住房城乡建设等有关部门制定并公布。

禁止生产、销售列入前款规定名录的技术、工艺、设备和产品。从事生产经营活动的使用者应当限期停止使用列入前款规定名录的技术、工艺、设备和产品。

第二十一条 国家建立健全节水标准体系。

国务院有关部门依法组织制定并适时修订有关节水的国家标准、行业标准。

国家鼓励有关社会团体、企业依法制定严于国家标准、行业标准的节水团体标准、企业标准。

第二十二条　国务院有关部门依法建立节水统计调查制度，定期公布节水统计信息。

第三章　节　水　措　施

第二十三条　县级以上人民政府及其有关部门应当根据经济社会发展水平和水资源状况，引导农业生产经营主体合理调整种植养殖结构和农业用水结构，积极发展节水型农业，因地制宜发展旱作农业。

国家对水资源短缺地区发展节水型农业给予重点扶持。

第二十四条　国家支持耐旱农作物新品种以及土壤保墒、水肥一体化、养殖废水资源化利用等种植业、养殖业节水技术的研究和推广。

县级以上人民政府及其有关部门应当组织开展节水农业试验示范和技术培训，指导农业生产经营主体使用节水技术。

第二十五条　国家发展节水灌溉，推广喷灌、微灌、管道输水灌溉、渠道防渗输水灌溉、集雨补灌等节水灌溉技术，提高灌溉用水效率。水资源短缺地区、地下水超采地区应当优先发展节水灌溉。

县级以上人民政府及其有关部门应当支持和推动节水灌溉工程设施建设。新建灌溉工程设施应当符合节水灌溉工程技术标准。已经建成的灌溉工程设施不符合节水灌溉工程技术标准的，应当限期进行节水改造。

第二十六条　国家加快推进农村生活节水。

县级以上地方人民政府及其有关部门应当加强农村生活供水设施以及配套管网建设和改造，推广使用生活节水器具。

第二十七条　工业企业应当加强内部用水管理，建立节水管理制度，采用分质供水、高效冷却和洗涤、循环用水、废水处理回用等先进、适用节水技术、工艺和设备，降低单位产品（产值）耗水量，提高水资源重复利用率。高耗水工业企业用水水平超过用水定额的，应当限期进行节水改造。

工业企业的生产设备冷却水、空调冷却水、锅炉冷凝水应当回收利用。高耗水工业企业应当逐步推广废水深度处理回用技术措施。

第二十八条　新建、改建、扩建工业企业集聚的各类开发区、园区等（以下统称工业集聚区）应当统筹建设供水、排水、废水处理及循环利用设施，推动企业间串联用水、分质用水，实现一水多用和循环利用。

国家鼓励已经建成的工业集聚区开展以节水为重点内容的绿色高质量转型升级和循环化改造，加快节水及水循环利用设施建设。

第二十九条 县级以上地方人民政府应当加强对城市建成区内生产、生活、生态用水的统筹，将节水要求落实到城市规划、建设、治理的各个环节，全面推进节水型城市建设。

第三十条 公共供水企业和自建用水管网设施的单位应当加强供水、用水管网设施运行和维护管理，建立供水、用水管网设施漏损控制体系，采取措施控制水的漏损。超出供水管网设施漏损控制国家标准的漏水损失，不得计入公共供水企业定价成本。

县级以上地方人民政府有关部门应当加强对公共供水管网设施运行的监督管理，支持和推动老旧供水管网设施改造。

第三十一条 国家把节水作为推广绿色建筑的重要内容，推动降低建筑运行水耗。

新建、改建、扩建公共建筑应当使用节水器具。

第三十二条 公共机构应当发挥节水表率作用，建立健全节水管理制度，率先采用先进的节水技术、工艺、设备和产品，开展节水改造，积极建设节水型单位。

第三十三条 城镇园林绿化应当提高用水效率。

水资源短缺地区城镇园林绿化应当优先选用适合本地区的节水耐旱型植被，采用喷灌、微灌等节水灌溉方式。

水资源短缺地区应当严格控制人造河湖等景观用水。

第三十四条 县级以上地方人民政府应当根据水资源状况，将再生水、集蓄雨水、海水及海水淡化水、矿坑（井）水、微咸水等非常规水纳入水资源统一配置。

水资源短缺地区县级以上地方人民政府应当制定非常规水利用计划，提高非常规水利用比例，对具备使用非常规水条件但未合理使用的建设项目，不得批准其新增取水许可。

第三十五条 县级以上地方人民政府应当统筹规划、建设污水资源化利用基础设施，促进污水资源化利用。

城市绿化、道路清扫、车辆冲洗、建筑施工以及生态景观等用水，应当优先使用符合标准要求的再生水。

第三十六条 县级以上地方人民政府应当推进海绵城市建设，提高雨水资源化利用水平。

开展城市新区建设、旧城区改造和市政基础设施建设等，应当按照海绵城市建设要求，因地制宜规划、建设雨水滞渗、净化、利用和调蓄设施。

第三十七条 沿海地区应当积极开发利用海水资源。

沿海或者海岛淡水资源短缺地区新建、改建、扩建工业企业项目应当优先使用海水淡化水。具备条件的,可以将海水淡化水作为市政新增供水以及应急备用水源。

第四章 保障和监督

第三十八条 县级以上地方人民政府应当健全与节水成效、农业水价水平、财力状况相匹配的农业用水精准补贴机制和节水奖励机制。

对符合条件的节水项目,按照国家有关规定给予补助。

第三十九条 国家鼓励金融机构提供多种形式的节水金融服务,引导金融机构加大对节水项目的融资支持力度。

国家鼓励和引导社会资本按照市场化原则依法参与节水项目建设和运营,保护其合法权益。

第四十条 国家鼓励发展社会化、专业化、规范化的节水服务产业,支持节水服务机构创新节水服务模式,开展节水咨询、设计、检测、计量、技术改造、运行管理、产品认证等服务，引导和推动节水服务机构与用水单位或者个人签订节水管理合同，提供节水服务并以节水效益分享等方式获得合理收益。

国家鼓励农村集体经济组织、农民专业合作社、农民用水合作组织以及其他专业化服务组织参与农业节水服务。

第四十一条　国家培育和规范水权市场，支持开展多种形式的水权交易，健全水权交易系统，引导开展集中交易，完善水权交易规则，并逐步将水权交易纳入公共资源交易平台体系。

第四十二条　对节水成绩显著的单位和个人，按照国家有关规定给予表彰、奖励。

第四十三条　县级以上人民政府水行政、住房城乡建设、市场监督管理等主管部门应当按照职责分工，加强对用水活动的监督检查，依法查处违法行为。

有关部门履行监督检查职责时，有权采取下列措施：

（一）进入现场开展检查，调查了解有关情况；

（二）要求被检查单位或者个人就节水有关问题作出说明；

（三）要求被检查单位或者个人提供有关文件、资料，进行查阅或者复制；

（四）法律、行政法规规定的其他措施。

监督检查人员在履行监督检查职责时，应当主动出示执法证件。被检查单位和个人应当予以配合，不得拒绝、阻碍。

第四十四条 对浪费水资源的行为，任何单位和个人有权向有关部门举报，接到举报的部门应当依法及时处理。

第四十五条 国家实行节水责任制和节水考核评价制度，将节水目标完成情况纳入对地方人民政府及其负责人考核范围。

第五章 法律责任

第四十六条 侵占、损毁、擅自移动用水计量设施，或者干扰用水计量的，由县级以上地方人民政府水行政、住房城乡建设主管部门或者流域管理机构责令停止违法行为，限期采取补救措施，处1万元以上10万元以下的罚款；造成损失的，依法承担赔偿责任。

第四十七条 建设项目的节水设施没有建成或者没有达到国家规定的要求，擅自投入使用的，以及生产、销售或者在生产经营中使用国家明令淘汰的落后的、耗水量高的技术、工艺、设备和产品的，依照《中华人民共和国水法》有关规定给予处罚。

第四十八条　高耗水工业企业用水水平超过用水定额，未在规定的期限内进行节水改造的，由县级以上地方人民政府水行政主管部门或者流域管理机构责令改正，可以处 10 万元以下的罚款；拒不改正的，处 10 万元以上 50 万元以下的罚款，情节严重的，采取限制用水措施或者吊销其取水许可证。

第四十九条　工业企业的生产设备冷却水、空调冷却水、锅炉冷凝水未回收利用的，由县级以上地方人民政府水行政主管部门责令改正，可以处 5 万元以下的罚款；拒不改正的，处 5 万元以上 10 万元以下的罚款。

第五十条　县级以上人民政府及其有关部门的工作人员在节水工作中滥用职权、玩忽职守、徇私舞弊的，依法给予处分。

第五十一条　违反本条例规定，构成违反治安管理行为的，由公安机关依法给予治安管理处罚；构成犯罪的，依法追究刑事责任。

第六章　附　　则

第五十二条　本条例自 2024 年 5 月 1 日起施行。

司法部、水利部、住房城乡建设部、国家发展改革委负责人就《节约用水条例》答记者问

2024年3月9日，国务院总理李强签署第776号国务院令，公布《节约用水条例》（以下简称《条例》），自2024年5月1日起施行。日前，司法部、水利部、住房城乡建设部、国家发展改革委负责人就《条例》的有关问题回答了记者提问。

问：请简要介绍一下《条例》的出台背景。

答：水是事关国计民生的基础性自然资源和战略性经济资源。我国人多水少，水资源供需矛盾突出，节水是解决水安全问题的关键。近年来，我国持续推进节水工作，开展节水型社会建设，取得积极成效。与此同时，我国水资源短缺形势依然严峻，水资源刚性约束不足，节水工作仍面临用水管理有待加强、节水措施有待完善、激励政策有待健全、监督力度有待加大等问题，需要采取有力措施切实加以解决。根据加强节水工作的

实际需要推进节水立法，制定节水的专门行政法规，全面、系统规范和促进节水活动，是贯彻落实习近平总书记关于治水重要论述精神和党中央、国务院决策部署的重要举措，是全面建设节水型社会、保障国家水安全、推进生态文明建设、推动高质量发展的客观要求。

问：制定《条例》的总体思路是什么？

答：《条例》制定坚持以习近平新时代中国特色社会主义思想为指导，深入贯彻落实习近平总书记"节水优先、空间均衡、系统治理、两手发力"的治水思路，在立法总体思路上主要把握了以下几点：一是立足我国基本水情，针对节水工作存在的突出问题和薄弱环节，从加强用水管理、完善节水措施、强化保障监督、严格法律责任等方面，着力构建全面系统的节水制度体系。二是认真总结党的十八大以来节水工作的丰富实践，将行之有效的经验做法转化为制度规范。三是做好与水法等相关法律、行政法规的衔接，形成制度合力。

问：《条例》从哪些方面来加强用水管理？

答：一是加强用水定额管理。规定国务院水行政、标准化主管部门组织编制主要农作物、重点工业产品和服务业国家用水定额；省级人民政府有关行业主管部门组织编制本行政区域的行业用水定额；用水定额应当根据经济社会发展水平、水资源状况、产业结构变化和技术进步等情况适时修订。二是加强用水总量控制和计划用水管理。规定县级以上地方人民政府水行政主管部门会同有关部门制定年度用水计划，实行用水总量控制；对用水达到一定规模的单位实行计划用水管理。三是规范用水计量和水价制度。规定不同水源、不同用途的水应当分别计量并实行计量收费；任何单位和个人不得侵占、损毁、擅自移动用水计量设施；建立促进节水的水价体系，根据经济社会发展水平、水资源状况、用水定额、供水成本、用水户承受能力和节水要求等，完善水价形成机制。四是控制高耗水产业项目建设。规定水资源严重短缺地区、地下水超采地区应当严格控制高耗水产业项目建设。

问：《条例》在完善节水措施方面作了哪些规定？

答：一是推进农业节水增效。规定调整种植养殖结构和农业用水结构，发展节水型农业和旱作农业；推广节水灌溉技术；加强农村生活供水设施以及配套管网建设改造。二是推进工业节水减排。要求工业企业采用先进、适用节水技术、工艺和设备；高耗水工业企业推广废水深度处理回用技术措施，用水水平超过用水定额的限期进行节水改造；新建、改建、扩建工业集聚区统筹建设相关设施，实现一水多用和循环利用。三是推进城镇节水降损。规定全面推进节水型城市建设；建立供水、用水管网设施漏损控制体系，支持老旧供水管网设施改造；推动降低建筑运行水耗；要求水资源短缺地区城镇园林绿化优先选用节水耐旱型植被，采用节水灌溉方式，严格控制人造河湖等景观用水。四是促进非常规水利用。要求县级以上地方人民政府将非常规水纳入水资源统一配置，水资源短缺地区制定非常规水利用计划；统筹规划建设污水资源化利用基础设施；城市绿化等优先使用再生水；提高雨水资源化利用水平；积极开发利用海水资源。

问：《条例》对节水的保障和监督措施作了哪些规定？

答：激励和保障方面，规定县级以上地方人民政府健全农业用水精准补贴机制和节水奖励机制；对符合条件的节水项目给予补助；鼓励金融机构加大融资支持力度，鼓励引导社会资本参与节水项目建设运营；鼓励发展节水服务产业，引导推动节水服务机构与用水单位或者个人签订节水管理合同；培育和规范水权市场，支持开展水权交易；对节水成绩显著的单位和个人给予表彰奖励。监督考核方面，要求政府有关部门加强监督检查，明确监督检查措施；建立举报制度；强化监督考核，将节水目标完成情况纳入对地方人民政府及其负责人考核范围。

问：《条例》对违法行为的法律责任作了哪些规定？

答：对侵占、损毁、擅自移动用水计量设施或者干扰用水计量，高耗水工业企业用水水平超过用水定额且未按期进行节水改造等违法行为，规定了罚款、吊销取水许可证等严格的行政处罚。对使用国家明令淘汰的落后的、耗水量高的技术、工艺、设备和产品等违法行为，规定依照水法的有关规定给予处罚。

问：为确保《条例》顺利实施，有关方面还将开展哪些工作？

答：为确保《条例》顺利实施，有关方面将着重开展三方面工作：一是持续抓好宣传贯彻。采取多种形式做好《条例》的宣传解读和培训等工作，使有关各方充分知晓和准确掌握《条例》内容，为《条例》顺利实施营造良好社会氛围。二是及时跟进配套制度建设。《条例》确立了节水管理的基本制度框架，要及时出台更为具体、操作性更强的相关配套规定，进一步细化制度措施，确保《条例》落地落实。三是加强监督检查。不断加强执法队伍建设，提升执法能力和水平，加大执法监督力度，严格依法查处违法行为，切实做好《条例》的贯彻实施。

ISBN 978-7-5216-4422-7

定价：5.00元